家政婦**mako**の

裏切り飯

コンビニ

山と溪谷社

コンビニさん、ごめんなさい。
おいしいおそうざい、人気の食材、
作りかえちゃいました。

もともとおいしいので
ちょっぴりひと工夫すれば、
カンタンにパワーアップ！
ありがとうございます('︶')♡

「今日はごはんを作りたくない」
という日ってありますよね。
そんな時、いつも味方になってくれるのが
コンビニのおそうざいたちです。
でも、ただ買ってきたものを並べる食卓では、
罪悪感がムクムクわいてきませんか?
そんな方のために、コンビニのおそうざいや食材だけで作る、
家政婦mako流のアイデアレシピを考案しました。
ほぼ1分～5分でできるのに、
ガラリと見栄えが変わり、手作り感があって、
おいしい料理になりました。
これなら罪悪感なし!
ご自分で楽しむのはもちろん、家族やお友だちにも
大いばりでごちそうできちゃいます。

食材選びの コツ

コツ 1 コンビニのおかずは 味付き食材と思うべし!

買ってきたおかずをレンジでチンして、食べるだけなんてもったいない。おいしく調理された味を生かして、格上げ料理にしちゃいましょう! おかずに味が付いているので、調味料も最小限ですみますし、生食材を一から調理しない分、調理時間もショートカット。いいことづくめなのです。

オススメ例

鶏から揚げ　サラダチキン　ポテサラ
だし巻き卵　きんぴら　など

コツ 2 カット食材を使って ラクラク時短調理

材料を切る手間って、わりと大変。特に千切り野菜なんて、時間も根気も必要ですよね。カット野菜や冷凍野菜は、食べやすい大きさに切ってあり、そのまま使えるので、とっても便利。野菜は天候によって値段が変わるので、お値段が安定している点もメリットのひとつかも。

オススメ例

冷凍ほうれん草　きざみねぎ
冷凍ブロッコリー　サラダミックス　など

数あるコンビニ食材の中から、
makoが選んだものは？

コツ3 インスタントものや缶詰を味方につける

カップスープ、レトルトカレー、缶詰などは、そのまま食べてもおいしいですが、ひと工夫！ カップスープに注ぐお湯の分量を少なくして、ソースに活用したり、パスタソースを具材にするなど、発想を変えてみてはいかが？ お役立ちの食材に早変わりしますよ。

オススメ例
カップスープ　レトルトカレー　レトルトソース
トマトソース　カルボナーラソース
焼肉のたれ　蒲焼き缶　など

コツ4 うまみの強い調味料や食材に注目！

食材にはうまみが強いなあと感じるものがたくさんあります。オススメなのはチーズやキムチなどの発酵食品。おつまみコーナーに並んでいる魚介類の干物。たとえば、さきいかやほたてなどです。また、ごま、ごま油も狙い目。風味やコクが増し、料理の味がランクアップします。

オススメ例
さきいか　キムチ　ごま油
チーズ　かつお節　など

早ワザ・アレンジ
調理の掟

1 盛り付けだけ

コンビニのおそうざいや食材をごはんの横に盛り付けてみましょう。あっという間にカフェ風のランチが完成しちゃいます。ごはん、パスタ、麺類と相性のいいおそうざいであれば、盛り付けるだけ、のせるだけで、ワンプレートになったり、ワンボウルになったり、自由自在なのです。

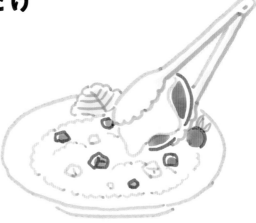

ハンバーグ ＋ ごはん ＝ロコモコ風のワンプレートに！
麻婆豆腐 ＋ 麺 ＝中華風の麺ボウルに！

2 混ぜるだけ

そのまま食べてもおいしいおそうざいや食材に、少しだけ調味料を加えると、さらにランクアップ！ おかずの味を生かしながら、和えたり、混ぜたりして、ごはんや麺類との相性がいいおかずにしちゃいましょう。ワンパターンからも脱出でき、料理のバリエーションがぐんと広がります。

サラダチキン ＋ ごま油 ＝中華風おつまみに！　　サラダチキン ＋ レモン ＝イタリアンなおつまみに！

時短調理はあたりまえ、
mako流の調理法は
大きく分けて3つだけ。

③ 加熱するだけ

レンジでチン、トースターで焼く、フライパンで炒めるなど、おそうざいや食材を加熱すると、香ばしさやコクが増し、おいしさがアップします。この加熱のワザを使えば、おそうざい、サラダ用のミックス野菜系の食材が、見た目も味も激変！また、温かい料理は気持ちもほっこりさせてくれますね。

Q 唐揚げ ＋ 卵
＝レンチンして卵とじに！
ミックス野菜 ＋ 調味料
＝レンチンして炒めものに！

ほかにも？

おそうざいや食材を入れたら「お湯を注ぐだけ」。スープジャーを使えば、ほったらかしている間に完成します！ ランチやお弁当にぴったりのスープメニューもラクラクできあがります。

CONTENTS

はじめに ……………………………………………………………… 2

コンビニ裏切り飯 食材選びのコツ ……………………………… 4

早ワザ・アレンジ調理の掟 ………………………………………… 6

CHAPTER 1 ワンプレート&ボウル

ごはんメニュー

ポテサラバーグプレート ……………………… 12

から揚げキムチ丼 ………………………………… 14

コロッケ卵丼 ……………………………………… 16

ルーローハン ……………………………………… 18

シュクメルリプレート …………………………… 20

ビーフストロガノフ ……………………………… 22

ドライカレー ……………………………………… 24

から揚げレタスチャーハン ……………………… 26

パンメニュー

だし巻きサンド …………………………………… 28

ケバブサンド ……………………………………… 29

エッグベネディクト風 …………………………… 30

MERIT 1 コンビニ食材なら
がっつり!
栄養満点のメニューができる ……………… 32

めん&パスタメニュー

コーンクリームパスタ …………………………… 34

チーズプデチゲ …………………………………… 36

棒棒鶏そうめん …………………………………… 38

そうめん冷麺 ……………………………………… 39

カレーうどん ……………………………………… 40

CHAPTER 2 ワザあり! 献立

和食コース ……………………………………… 42

蒲焼き重 ▶作り方P44

芋煮風みそ汁 ▶作り方P44

カラフル浅漬け ▶作り方P45

メキシカンコース ……………………………… 46

トマトチキン ▶作り方P48

メキシカン風サラダ ▶作り方P48

メキシカンライス ▶作り方P49

フレンチコース ………………………………… 50

チキンのオランデーズソース風 ▶作り方P52

フレンチかぼちゃサラダ ▶作り方P52

ブロッコリースープ ▶作り方P53

イタリアンコース ……………………………… 54

餃子ラザニア ▶作り方P56

紅しょうがサラダ ▶作り方P56

ビーンズスープ ▶作り方P57

肉定食コース …………………………………… 58

から揚げ卵とじ ▶作り方P60

きんぴらサラダ ▶作り方P60

めかぶやっこ ▶作り方P61

魚定食コース …………………………………… 62

さばみそマヨ焼き ▶作り方P64

キャベツおかかサラダ ▶作り方P64

豆腐すまし汁 ▶作り方P65

MERIT 2 コンビニ食材なら
コスパよしの
節約メニューもOK ………………………… 66

CHAPTER 3 ささっとつまみ

サラダチキン

スパイシーチーズチキン ▶作り方P70 … 68
サラダチキンユッケ ▶作り方P70 … 68
中華冷菜チキン ▶作り方P71 … 69
レモンマリネチキン ▶作り方P71 … 69
ガーリックチキンステーキ … 72
チーズダッカルビ風 … 73

和えもの／サラダ

ちくわポテト … 74

ねぎメンマやっこ … 75
松前漬風和えもの … 76
さきいかナムル … 77
MERIT 3 コンビニ食材なら
ごほうび、
ほめられメニューもおまかせ … 78

その他

さきいかねぎバター … 80
ポテサラチーズ焼き … 81
コールスロースモークタン … 82

CHAPTER 4 ホッと弁当

和風

ちゃんちゃん鍋風スープ … 84
ホタテキャベツスープ … 85
チキンとろろスープ … 86
けんちん汁 … 87
かにたまスープ … 88
クリーム茶漬け … 89
MERIT 4 コンビニ食材なら
ちょっとヘルシー系の
メニューも作れちゃう … 90

中華

麻婆豆腐めん … 92
中華粥 … 93

韓国

純豆腐 … 94
ソルロンタン … 95

洋風

トマトチキンスープ … 96

手間なしスイーツ

アイス
クリームごまアイス ……… **98**
チーズケーキフローズン ……… **99**

ムース＆プリン＆ゼリー
レアチーズケーキ風 ……… **100**
ヨーグルトムース ……… **101**
カフェラテプリン ……… **102**
コーヒーゼリー牛乳 ……… **103**
ソーダゼリー ……… **104**
ペットボトルごとゼリー ……… **105**

その他
スモア ……… **106**
チョコパンプディング ……… **107**
アイスフレンチトースト ……… **108**
カンタン揚げパン ……… **109**

一目でわかる！メニューのすべて ……… **110**

この本の決まり
● 材料は特に表記がない限り、1人分です。
● 小さじ1＝5㎖　大さじ1＝15㎖　1カップ＝200㎖
● 電子レンジ加熱は600w、オーブントースターは1000wが基本です。

省略表記について
● 電子レンジ加熱の際に「ラップをかける」、盛り付けに使う「器」は、特に表記がない限り省略しています。
● コンビニ食材を温める手順については、表記以外は各パッケージ袋の説明表記に準じてください。

その他
● 時計マークの調理時間は、オーブントースターで「焼く時間」、スープジャーで保温する「置き時間」、冷やす、凍らせる「冷蔵・冷凍時間」は除いています。
● 材料にあるコンビニ食材の名称、ミックス食材などの種類は、各コンビニによって異なります。
● コンビニ食材の容量は、各コンビニによって多少の違いがあります。材料欄に表記したグラム数を目安にしてください。
● おそうざいなど温めるためにレンジ加熱する、冷凍野菜の解凍などの工程は調理法マークに含みません。

CHAPTER 1

ボリューム満点!

ワンプレート ＆ ボウル

ハンバーグ、から揚げなどのおそうざい、
レトルト食品をアレンジして、
どんぶり、ワンプレートメニューを作りましょう。

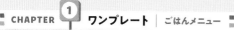

5分 チンする だけ！

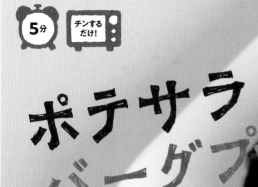

ポテサラ バーグプレート

🧺 材料（1人分）

ごはん … 茶碗1杯（180g）

ポテトサラダ … 1袋（100g）

ハンバーグ … 1袋（200g）

ほかの食材なら ミートボール

とろけるチーズ … 1枚

飾り│サラダミックス … 適量
　　│ミニトマト … 適量

✎ 作りかた

1. ハンバーグは表示通りに温める。器にごはん、ポテトサラダ、ハンバーグ、チーズの順にのせる。

2. レンジ（600w）でチーズが溶けるまで1分加熱する。サラダミックスとミニトマトを添える。

POINT！

ハンバーグの種類を変えれば、いろいろな味が楽しめます。

お皿にぜんぶ盛り付けてチンするだけ

とろ〜りチーズが
たまらない

あの人気店の
ポテサラバーグを
再現!

とろ〜り

のりを
トッピング

味付けは
焼肉のたれで

キムチで
から揚げが
ピリッとうまい

から揚げキムチ丼

🧺 材料（1人分）

鶏から揚げ … 1袋（6個180g）

↪ ほかの食材なら
焼き鳥に変えるとあっさり系に。

キムチ … 50g

A ┃ 焼肉のたれ … 大さじ1
┃ ごま油 … 大さじ1/2

ごはん … 茶碗1杯（180g）

のりの細切り … 適量（あれば）

作りかた

1 鶏から揚げは表示通りに温める。

2 1の鶏から揚げ、キムチ、Aを混ぜ合わせ、ごはんにのせる。あればのりを散らす。

POINT!

● ホットスナックの鶏から揚げを使えば、温める手間も省けます。

3分 **チンするだけ!**

コロッケ卵丼

コロッケひとつでも
立派などんぶりに

材料(1人分)

コロッケ … 1個

ほかの食材なら　鶏から揚げ

A きざみねぎ … 大さじ3
卵 … 1個
水 … 大さじ4
めんつゆ(3倍濃縮) … 大さじ1

ごはん … 茶碗1杯(180g)

作りかた

1 コロッケは表示通りに温める。
2 Aは混ぜ合わせてラップをし、レンジ(600w)で卵が半熟になるまで1分半加熱する。ごはんにかけ、コロッケをのせる。

POINT!

お好みの卵のかたさに応じてレンジ加熱を調整してください。

卵入りの
たれが
マイルド〜

豚の角煮で
どんぶりに!

がっつり

メンマを
入れると
中華っぽい

ゆで卵で
満足感も
さらにアップ

5分　混ぜる
　　　　だけ!

ルーローハン

🧺 材料(1人分)

豚の角煮 … 1袋(130g)(1.5～2㎝角に切る)

メンマ … 1袋(70g)2㎝幅に切る

冷凍ほうれん草 … 1/3袋(50g)

ほかの食材なら

多めのきざみねぎ、ゆでたもやし

ごはん … 茶碗1杯～2杯(180～300g)

ゆで卵 … 1個(あれば)

作りかた

豚の角煮、メンマ、冷凍ほうれん草は混ぜ合わせて、レンジ(600w)で2分半温かくなるまで加熱し、ごはんにかける。あればゆで卵を添える。

POINT!

急なお客様のランチメニューにもぴったり。

3分 混ぜるだけ!

シュクメルリプレート

🧺 **材料**（1人分）

カップクリームスープ
… 1カップ（24.3g）

↪ ほかの食材なら

温めたパスタクリームソース

チューブにんにく … 小さじ1/2

塩焼き鳥 … 1個

冷凍ブロッコリー … 1/2袋（6房70g）

↪ ほかの食材なら　冷凍ほうれん草

ごはん … 茶碗1杯（180g）

╲ 作りかた ╱

1 塩焼き鳥、冷凍ブロッコリーはレンジ
　（600w）で2分温かくなるまで加熱する。

2 カップクリームスープには、にんにくを加
　え、熱湯を少なめに入れてソースを作
　る。1を入れて混ぜ、ごはんにかける。

POINT!

カップクリームスープに入れる熱湯は
少なめにし、固さをみてください。

彩りのいい
ブロッコリーや
野菜も入れて

ビーフストロガノフ

クリームチーズを
加えてコクアップ

なんと肉じゃが!
入っています

カレーのようで、
味は
ビーフストロガノフ!

5分

混ぜる
だけ!

マイルド〜

🧺 材料（1〜2人分）

レトルトハヤシライス … 1袋（200g）

牛乳 … 大さじ2

クリームチーズ・個別包装 … 3個（31g）

肉じゃが … 1パック（210g）

🍲 ほかの食材なら　**肉豆腐**

ごはん … 茶碗1杯〜2杯（180〜360g）

🥄 作りかた

1 レトルトハヤシライスは表示通りに温
　め、牛乳、クリームチーズとよく混ぜ
　合わせる。

2 肉じゃがは表示通りに温めて、**1**に加
　えて混ぜ、ごはんにかける。

POINT!

●多めの1人分なので、作り置
きにして半分ずつ食べても◯。
＊冷蔵保存3日

5分

混ぜる
だけ!

ドライカレー

卵黄を
くずして
めしあがれ

材料(1人分)

ハンバーグ … 1袋(160g)

ほかの食材なら ミートボール

レトルトカレー … 1袋(180g)

ごはん … 茶碗1杯(180g)

卵黄 … 1個(お好みで)

パセリ・ミニトマト

… 適量(あれば)

作りかた

1 ハンバーグは袋に入ったま
   ま粗くつぶし、レトルトカ
   レーとともに温める。(ハン
   バーグの表示通り+1分)

2 すべての材料を混ぜ合わせ
   る。お好みで卵黄をのせ、
   あればパセリ・ミニトマトを
   添える。

POINT!

ハンバーグは粗く
つぶし、肉の食感を
楽しんで。

とろ～り

ミートボールを
使ってもOK

ほぐしたハンバーグ＆
カレー＆ごはんを
混ぜ混ぜ

から揚げゴロゴロ、
卵たっぷり、
満足感ハンパない!

炒めない
チャーハンです

から揚げ レタスチャーハン

5分 **混ぜるだけ!**

🧺 **材料**(1人分)

鶏から揚げ … 1/2袋(3個90g)

　🥢ほかの食材なら　ピリ辛の鶏から揚げ

だし巻き卵 … 1袋(115g)

あつあつのごはん … 茶碗1杯(180g)

サラダミックス … 1/2袋(35g)

A ┃ ごま油 … 小さじ1

　┃ チューブにんにく … 小さじ1/2

　┃ 中華だし … 小さじ1/2

　🥢ほかの食材なら

オリーブオイルとコンソメにするとピラフ風に。

🥢 **作りかた**

1 鶏から揚げ、だし巻き卵はレンジ(600w)で1分温かくなるまで加熱し、食べやすい大きさに切る。

2 あつあつのごはんに**1**、サラダミックス、**A**を入れてよく混ぜ合わせる。

POINT!

ごはんはあつあつのものを使いましょう。

サラダミックス入りでヘルシー

4分 はさむ だけ！

だし巻きサンド

マヨキャベツが
合います

だし巻き卵が
おいしい！

ふわ
ふわ

🧺 材料（1人分）

6枚切り食パン … 2枚

バター … 10g

A | せん切りキャベツ … 1/2袋（75g）
| マヨネーズ … 大さじ2
| からし … 小さじ1

だし巻き卵 … 1袋（115g）

ほかの食材なら お弁当用のミニオムレツ

＼ 作りかた ／

食パンにバターを塗り、混ぜ合
わせた**A**、だし巻き卵をはさむ。
食べやすい大きさに切る。

POINT!
からし抜きにすれば、
お子さん向けに。

塩焼き鳥で
おうちケバブが
作れちゃった

5分 はさむ
だけ！

ケバブ

めちゃウマ

キャベツは
オーロラソースと
混ぜ混ぜ

🧺 材料（1人分）

6枚切り食パン … 2枚
A｜せん切りキャベツ … 1/2袋（75g）
　｜ケチャップ … 大さじ2
　｜マヨネーズ … 大さじ2
　｜カレー粉 … 少々（あれば）
塩焼き鳥 … 1本（62g）

🍖 ほかの食材なら　鶏から揚げにすればガッツリ系に

✎ 作りかた ✎

食パンはトースターで焼き、混
ぜ合わせたA、焼き鳥をはさむ。
食べやすい大きさに切る。

POINT！
ラップで包んで切る
と、きれいな切り口に
なります。

5分

トースターで
焼くだけ!

パンに
ぜんぶのせて
おしまいです

エッグベネディクト風

とろ〜り

コクのある
カルボナーラソースが
決め手!

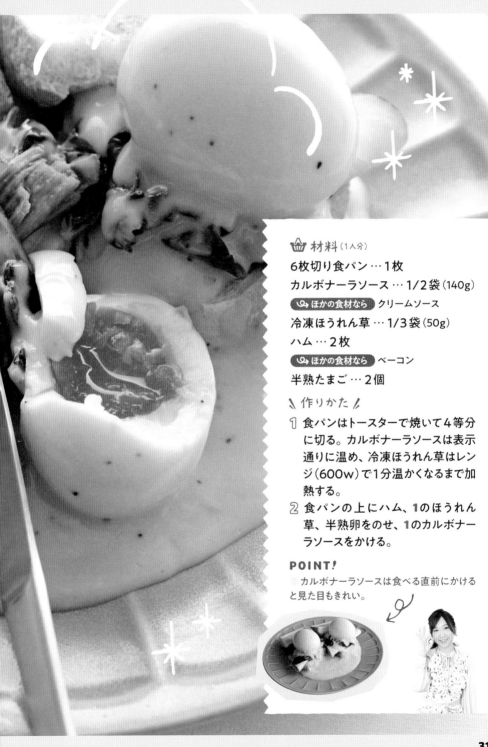

🧺 **材料**（1人分）

6枚切り食パン … 1枚
カルボナーラソース … 1/2袋（140g）

🍳 **ほかの食材なら** クリームソース

冷凍ほうれん草 … 1/3袋（50g）
ハム … 2枚

🍳 **ほかの食材なら** ベーコン

半熟たまご … 2個

🍴 **作りかた** 🍴

1. 食パンはトースターで焼いて4等分に切る。カルボナーラソースは表示通りに温め、冷凍ほうれん草はレンジ（600w）で1分温かくなるまで加熱する。

2. 食パンの上にハム、**1**のほうれん草、半熟卵をのせ、**1**のカルボナーラソースをかける。

POINT!

カルボナーラソースは食べる直前にかけると見た目もきれい。

主菜はお肉やお魚の
おそうざいをメインに選ぶべし!

から揚げ
レタスチャーハン
P26

ルーローハン
P18

コンビニ食材なら

がっつり!
栄養満点の
メニューができる

煮る、揚げる、焼くなどの
プロセスも必要なし

チーズダッカルビ
P73

から揚げ
キムチ丼
P14

ドライカレー
P24

ビーフ
ストガノフ
P22

ポテサラ
チーズ焼き
P81

味がしっかり
付いているから、
調味も少なくてすむ

コンビニのおそうざいにはから揚げやハンバーグなど
おいしくて満足感のあるおかずがたくさん。
肉や魚をメイン食材に、野菜もプラスすれば
栄養満点の満足メニューになります。

ひとアレンジで激ウマ
パンスイーツに!

麻婆豆腐めん
P92

カンタン揚げパン
P109

チョコパン
プディング
P107

8分 混ぜる
だけ!

コーンクリームパスタ

🧺 **材料**（1人分）

コーンポタージュ … 1カップ（27.8g）

🥄 ほかの食材なら

ポタージュスープ、カボチャスープなど

パスタ … 100g

冷凍ほうれん草 … 1/3袋（50g）

ハム … 2枚（短冊に切る）

\ **作りかた** /

1 鍋にたっぷりの湯を沸かし、コーンポタージュに表示より少なめに湯を入れる。

2 残りの鍋の湯にパスタを入れ、表示のゆで時間の1分前に冷凍ほうれん草を加える。

3 ゆで上がったらザルに上げ、**1**のコーンポタージュ、ハムと混ぜる。

POINT!

コーンポタージュは熱湯を少なめに入れて、混ぜながら固さを調整しましょう。

ポタージュを
パスタソース
がわりに

冷凍ほうれん草で
調理時間
ショートカット

クリーミ

韓国ラーメンで
チゲを作りましょ

とろりと
溶けたチーズが
美味

チョイカラ

5分 煮るだけ!

チーズプデチゲ

ソーセージの香りも
食欲をそそる

🧺 材料 (1人分)

韓国インスタントラーメン … 1袋

ほかの食材なら みそ味インスタントラーメン

もやし炒めミックス … 1/2袋 (100g)

ほかの食材なら キャベツ炒めミックス

キムチ … 50g

ソーセージ … 3本 (薄切りにする)

ピザ用チーズ … 大さじ2

＼ 作りかた ／

韓国インスタントラーメンは表示通りに
作り、仕上がり時間の1分前に、もやし
炒めミックス、ソーセージ、キムチを加え
る。ピザ用チーズを散らす。

POINT!

みそ味のラーメンにラー油や一
味唐辛子を加えると韓国風に。

材料（1人分）

そうめん … 1束

サラダチキンプレーン
… 1袋（110g）手でさく

サラダミックス … 1/2袋（50g）
　↳ ほかの食材なら　せん切りキャベツ

ごまだれ … 大さじ2
　↳ ほかの食材なら　ごまドレッシング

ラー油 … 小さじ1/2

作りかた

そうめんは表示通りにゆでて水でしめる。すべての材料とよく混ぜ合わせる。

POINT!

そうめんと一緒にもやしをゆでれば、食べ応えがアップします。

5分

混ぜるだけ！

棒棒鶏そうめん

ラー油の量で辛さを調節してね

ごまだれとラー油で中華風に味付け

そうめんだからゆで時間も早っ

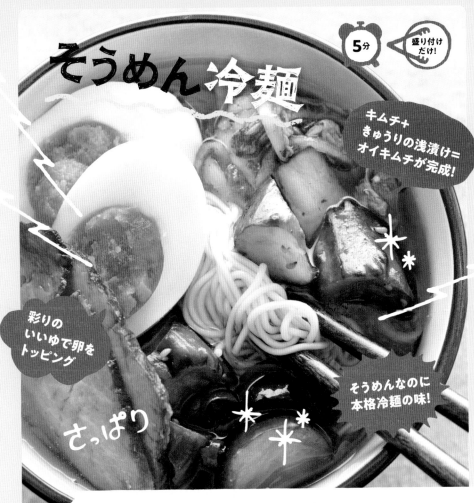

そうめん冷麺

5分 ← 盛り付けだけ！

キムチ+きゅうりの浅漬け＝オイキムチが完成！

彩りのいいゆで卵をトッピング

そうめんなのに本格冷麺の味！

さっぱり

🧺 材料（1人分）

A ┃ 白だし … 大さじ2と1/2
　 ┃ 酢 … 大さじ1
　 ┃ 水 … 200㎖
そうめん … 1束
キムチ … 50g
きゅうりの漬物 … 1/2パック（50g）
チャーシュー … 2枚
ほかの食材なら ハム
ゆで卵 … 1個

作りかた

1. Aは混ぜ合わせる。
2. そうめんは表示通りにゆでて水でしめ、1と和える。具材をのせる。

POINT!

彩りを考えて具材を選びましょう。カニカマ、だし巻きたまご、生ハム、浅漬け、りんごなど、好きなものをのせてください。

5分 チンするだけ!

だしカレーうどんが
カンタンに

カレーうどん

まんぞく

ゆでうどんを
使えばラクチン

筑前煮で
だし入らず
和風味に!

材料（1人分）

レトルトカレー … 1袋（180g）
筑前煮 … 1袋（140g）
ほかの食材なら 肉じゃが、きんぴら
水 … 100ml
ゆでうどん … 1袋（180g）
ほかの食材なら
乾麺のうどんやそうめん
めんつゆ … 大さじ1/2
きざみねぎ … 適量（あれば）

作りかた

耐熱容器にすべての材料を入れ、ふんわり
ラップをしてレンジ（600w）で4分加熱し、
よく混ぜる。あればきざみねぎをのせる。

POINT!
加熱後は麺をほぐすようによく
混ぜましょう。

CHAPTER 2

ほぼ3〜8分で完成する

ワザあり！献立

ちょっぴりハードルの高い献立作りも
コンビニ食材なら、時短カンタン！
さまざまなコースメニューや定食をご紹介します。

副菜
カラフル
浅漬け
▶P45

主菜

蒲焼き重

▶P44

5分で
できちゃう

まるで
うなぎ重!?

蒲焼き缶を
チンして
のっけます

味ウマ!

サラダスティックが
浅漬けに

あっさり〜

具だくさん！

インスタントみそ汁＋
里芋煮付け

汁物

あったまる 芋煮風
みそ汁 ▶P44

主菜

蒲焼き重

2分 チンするだけ!

 材料(1人分)

さんまの蒲焼き缶 … 1缶 (100g)

ほかの食材なら いわしの蒲焼き缶

ごはん … 180g

味付けのり … 4枚

作りかた

1 蒲焼きは汁ごと缶から出して、レンジ (600W) で1分加熱する。

2 器にごはん、味付けのり、**1**の蒲焼きの順に盛る。

 ワザあり!

● ごはんと蒲焼きの間にのりをはさむとおいしくなります〜

● お重に盛ると本格的に。お弁当にもぴったり!

副菜

芋煮風みそ汁

1分 熱湯注ぐだけ!

 材料(1人分)

里芋煮付け … 1パック (6個93g)

お好みのインスタントみそ汁 … 1カップ (24g)

熱湯 … みそ汁の表示量　きざみねぎ … 大さじ4

作りかた

1 里芋煮付けは表示通りに温める。

2 みそ汁に熱湯を入れ、**1**の里芋煮付け、きざみねぎを加えて混ぜる。
味見して濃ければ熱湯を少し足す。

 ワザあり!

● 野菜のたっぷり入ったみそ汁を選ぶと芋煮感が増します。

汁物 **カラフル浅漬け**

🧺 **材料**(1人分)

サラダスティック … 1パック
白だし … 大さじ1/2
水 … 大さじ1/2

\ **作りかた** /

すべての材料を混ぜ合わせ、5分ほど置く。

ワザあり!
● ポリ袋などに入れてもみこむと味がしみて、まんべんなくつかります。
● お好みで白だしの量を調整してもよいでしょう。

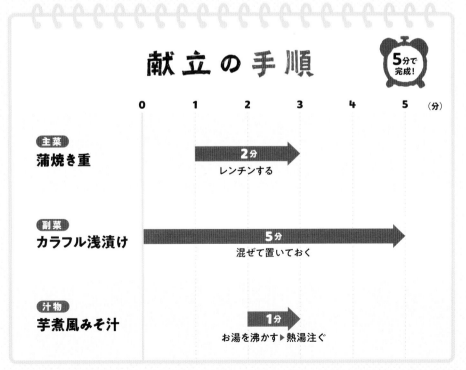

献立の手順

5分で完成!

| | 0 | 1 | 2 | 3 | 4 | 5 (分) |

主菜 **蒲焼き重**
2分 レンチンする

副菜 **カラフル浅漬け**
5分 混ぜて置いておく

汁物 **芋煮風みそ汁**
1分 お湯を沸かす ▶ 熱湯注ぐ

副菜

メキシカン風
サラダ ▶P48

タコスチップの
パリパリ食感が
グー

シャキパリッ

ピリッとさせた
トマトソースが
おいしい

から揚げ活用術
レシピです!

がっつり

副菜

トマトチキン ▶P48

ミートソースで作る
味付きごはん

チョイカラ

主菜

メキシカンライス ▶P49

5分 混ぜる だけ! 副菜 **トマトチキン**

 材料(1人分)

鶏から揚げ … 1袋(180g)

🥢 ほかの食材なら　ホットスナックの鶏から揚げ

A ｜ トマトソース … 1袋(130g)
　　 タバスコ … 少々
　　 レモン汁 … 大さじ1/2
　　 きざみねぎ … 大さじ4

作りかた

鶏から揚げ、トマトソース
は表示通りに温める。Aと
混ぜ合わせる。

ワザあり!
● トマトソースにタバスコを入れるとメキシカン風の味に。
● パスタに絡めてもおいしくいただけます。

1分 盛り付け だけ! 副菜 **メキシカン風サラダ**

  材料(1人分)

サラダミックス … 1/2袋(50g)

タコスチップ … 適量

🥢 ほかの食材なら　ポテトチップ

シーザードレッシング … 適量

作りかた

サラダミックス、タコスチップの順で
盛り、シーザードレッシングをかける。

ワザあり!
● タコスチップをポテトチップに変えると、ペッパー味、
コンソメ味、ピリ辛味といろいろ楽しめます。

主菜

メキシカンライス

3分 / 混ぜるだけ!

材料(1人分)

サラダミックス … 1/2袋 (50g)

ほかの食材なら 千切りキャベツ

ミートソース … 1袋 (130g)

ごはん … 茶碗1杯 (180g)

タバスコ … 少々

作りかた

1 飾り用にサラダミックスを少し、残しておく。ミートソースは表示通りに温める。

2 すべての材料を混ぜ、飾り用のサラダミックスを添える。

 ワザあり!
● サラダビーンズも入れるともっとメキシカン風に。

献立の手順

 5分で完成!

| | 0 | 1 | 2 | 3 | 4 | 5 (分) |

副菜
トマトチキン
5分
温める▶混ぜる

副菜
メキシカン風サラダ
1分
盛り付ける

主菜
メキシカンライス
3分
温める▶混ぜる

パリパリ
レタス

副菜

フレンチ
かぼちゃ
サラダ ▶P52

ボリューシー

ベジ〜

インスタントスープに
緑野菜をプラス

汁物

ブロッコリースープ ▶P53

チキンのオランデーズソース風

▶P52

甘辛味かぼちゃでサラダ

あのサラダチキンがフレンチのメインに!

カルボナーラソースにはレモン汁をプラス

とろ〜り

3分 盛り付けだけ! **主菜**

チキンのオランデーズソース風

🧺 **材料**(1人分)

サラダチキンプレーン … 1〜2袋 (110g〜220g)

カルボナーラソース … 1袋 (130g)

レモン汁 … 大さじ1/2

飾り 黒こしょう … 少々

＼ **作りかた** ／

1 サラダチキンはレンジ (600w) で1分
温かくなるまで加熱する。カルボナー
ラソースは表示通りに温める。

2 カルボナーラソース、レモン汁を混ぜ
たものをサラダチキンにかける。黒こ
しょうをふる。

ワザあり!
● ソースが多かったら残
しておいて、ゆで野菜に
かけてもおいしいです。

1分 混ぜるだけ! **副菜**

フレンチかぼちゃサラダ

🧺 **材料**(1人分)

カットレタス … 1袋 (70g)

　🌱 ほかの食材なら ベビーリーフ、サラダミックス

かぼちゃの煮付け … 1袋 (95g)

フレンチドレッシング … 大さじ1

　🌱 ほかの食材なら シーザードレッシング

＼ **作りかた** ／

すべての材料を混ぜ合わせる。

ワザあり!
● レタスがしんなりする
ので、食べる直前に作り
ましょう。

2分　**熱湯注ぐだけ!**　スープ
ブロッコリースープ

🧺 **材料**(1人分)

冷凍ブロッコリー … 1/2袋（70g）

　🥄 **ほかの食材なら**　冷凍ほうれん草、冷凍オクラ

豆乳味インスタントスープ … 1カップ（31.3g）

熱湯 … スープの表示量

オリーブオイル … 少々

黒こしょう … 少々

🥄 **作りかた** 🍴

冷凍ブロッコリーは解凍しておく。器に
すべての材料を入れ、熱湯を注ぐ。

ワザあり!
● 豆乳味インスタント
スープをトマトスープに
変えた味も試してみて。

献 立 の 手 順

3分で完成!

　　　0　　　1　　　2　　　3　　　4　　　5　（分）

主菜
**チキンの
オランデーズ
ソース風**

　3分
　温める▶盛り付ける

副菜
**フレンチ
かぼちゃサラダ**

　1分
　混ぜる

主菜
**ブロッコリー
スープ**

　2分
ブロッコリー解凍しておく▶お湯を沸かす▶熱湯を注ぐ

主菜

餃子ラザニア ▶P56

がっつり

ラザニアもどきの
餃子がごろごろ

とけたチーズも
おいしそう〜

これぞ
無限サラダ！

さっぱり

紅しょうが
たっぷり

副菜
紅しょうが
サラダ
▶P56

ヘルシー

お豆たっぷり、
ボリューミーな
スープ

スープ
ビーンズスープ ▶P57

5分 トースターで焼くだけ! **主菜** 餃子ラザニア

🧺 **材料**(1人分)

餃子 … 5個 (190g)
　↪ ほかの食材なら しゅうまい

トマトソース … 1袋 (130g)
　↪ ほかの食材なら ミートソース

スライスチーズ … 2枚 (36g)

✎ **作りかた** ✐

① 餃子、トマトソースは表示通りに温める。
② 器に**1**、チーズを入れ、チーズに焼き色が付くまで、トースター(1000w)で3分ほど加熱する。

ワザあり!
● ラザニアの材料はひき肉、玉ねぎ、パスタ。餃子とほぼ同じ!
● 餃子はチルドのものを使うと温めがラク。冷凍餃子の場合は解凍してから使います。

 1分 混ぜるだけ! **副菜** 紅しょうがサラダ

🧺 **材料**(1人分)

サラダミックス … 1/2袋 (70g)
紅しょうが … 大さじ2 (20g)
白だし … 小さじ1
オリーブオイル … 小さじ1

✎ **作りかた** ✐

すべての材料を混ぜ合わせる。

ワザあり!
● サラダミックスが水っぽくならないように、食べる直前に作りましょう。
● お好みでマヨネーズを少し入れてもOK。

ビーンズスープ

1分 **熱湯注ぐだけ!** スープ

材料(1人分)

サラダビーンズ … 1袋(60g)

ほかの食材なら 水煮大豆、コーン缶

インスタントスープ … 1カップ(27.3g)

ほかの食材なら コンソメスープ

熱湯 … スープの表示量

オリーブオイル … 少々

黒こしょう … 少々

作りかた

器にすべての材料を入れて
熱湯を注ぐ。

ワザあり!
● 水煮や缶詰を使えば
加熱の手間が省けます。

献立の手順

5分で完成!

	0	1	2	3	4	5 (分)

主菜
餃子ラザニア
5分
トースターで加熱する

副菜
紅しょうがサラダ
1分
混ぜる

スープ
ビーンズスープ
1分
お湯を沸かす▶熱湯を注ぐ

おそうざいが
和サラダに変身

シャキ
シャキ

しょうゆいらずの
やっこ

めかぶなら
減塩効果も?!

とろ
とろ

副菜
めかぶやっこ ▶P61

きんぴらサラダ ▶P60

主菜

から揚げ卵とじ ▶P60

ほうれん草と
卵とじするだけ

うまうま

から揚げ活用
レシピです

バランスのいい主菜

3分 チンするだけ! 主菜
から揚げ卵とじ

 材料(1人分)

鶏から揚げ … 6個(180g)

溶き卵 … 2個

冷凍ほうれん草 … 1/3袋(50g)

3倍濃縮めんつゆ … 小さじ1

＼ 作りかた ／

器にすべての材料を入れ、卵が半熟になるまでレンジ（600w）で2分加熱する。

ワザあり!
- 冷凍から揚げはあらかじめ解凍しておいてね。
- お好みで卵の加熱時間を調整してください。

2分 混ぜるだけ! 副菜
きんぴらサラダ

材料(1人分)

きんぴら … 1袋(70g)

　ほかの食材なら　ひじきの煮物、切り干し大根の煮物

せん切りキャベツ … 1/2袋(75g)

ごま油、酢 … 各大さじ1/2

　ほかの食材なら　オリーブオイル、マヨネーズ

＼ 作りかた ／

すべての材料を混ぜ合わせる。

 ワザあり!
- きんぴらの味を生かせば、ドレッシングなしでもおいしいサラダに!

副菜

めかぶやっこ

🧺 **材料**（1人分）

豆腐 … 小1丁（150g）
めかぶ … 1パック（45g）

✎ 作りかた ✎

深さのある器に豆腐を入れ、
めかぶを汁ごとかける。

ワザあり！
● めかぶの汁も一緒にいただきましょう。

献立の手順

⏰ **3分で完成！**

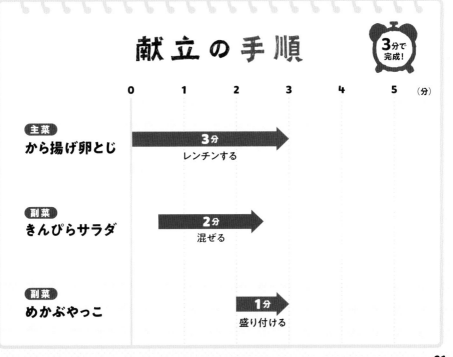

	0	1	2	3	4	5 (分)
主菜 から揚げ卵とじ		**3分** レンチンする				
副菜 きんぴらサラダ		**2分** 混ぜる				
副菜 めかぶやっこ				**1分** 盛り付ける		

副菜
キャベツ
おかか
サラダ
▶P64

主菜
さばみそ
マヨ焼き
▶P64

しっかり味のおかずで
ごはんがすすみます

味ウマ！

さば缶の汁と
マヨネーズで
まろやかに

和風ドレ+かつお節で
おいしさ倍増

あとひく～

松茸の味の
お汁です～

あっさり～

豆腐
すまし汁

汁物

▶P65

6分 トースターで焼くだけ! 主菜

さばみそマヨ焼き

🧺 **材料**（1人分）

さばみそ缶 … 1缶（190g）

マヨネーズ … 大さじ1と1/2

✎ 作りかた ╲

耐熱容器にさば缶の身を入れ、
汁とマヨネーズを合わせたものを
かける。トースターで焼き色が付
くまで5分ほど焼く。

ワザあり!
- こげそうになったらホイルを
かぶせてね。
- お弁当のおかずにもぴったり

2分 混ぜるだけ! 副菜

キャベツおかかサラダ

🧺 **材料**（1人分）

せん切りキャベツ … 1/2袋（75g）

　🍴 ほかの食材なら　レタス、千切りきゅうり

A ｜ かつお節 … 1袋（1.8g）

　　｜ 和風ドレッシング … 大さじ1

✎ 作りかた ╲

せん切りキャベツにAを混ぜ
合わせたものをかける。

ワザあり!
- 和風ドレッシングにかつお節
を加えてアレンジします。ドレッ
シングに飽きたときにも重宝。

汁物
豆腐すまし汁

1分 | 温めるだけ!

🧺 **材料**（1人分）

豆腐 … 小1丁（150g）（一口大に切る）

インスタント松茸味お吸物 … 1カップ（3.6g）

🌀 ほかの食材なら 白だしに熱湯を注いでもOK。

きざみねぎ … 適量（あれば）

＼ **作りかた** ／

インスタント松茸味お吸物は表示通りに熱湯をそそぎ、豆腐を入れる。あればきざみねぎを入れる。

ワザあり!
● あつあつのすまし汁がよければ、レンジ（600w）で1分ほど加熱してください。

献立の手順

6分で完成!

| | 0 | 1 | 2 | 3 | 4 | 5 | 6 | (分) |

主菜
さばみそマヨ焼き
6分
トースターで焼く

副菜
キャベツおかかサラダ
2分
混ぜる

汁物
豆腐すまし汁
1分
温める

MERIT 2

コーン
クリームパスタ
P34

コロッケ卵丼
P16

ひとつおかずでも立派な

ワンプレート＆ボウルに

コンビニ食材なら

コスパよしの節約メニューもOK

食材費をできるだけおさえたいとき、
あなたはどうしますか? 安いものを選ぶ?
おすすめは食材を増やさないことかもしれません。
1品＋ごはんや麺で、
ちゃんとおいしい献立が作れますよ。

さばみそマヨ焼き
P62

ドリンクで作る
スイーツならコスト減

ペットボトルごと
ゼリー
P105

缶詰はたれ汁も使えば、

おいしくて安上がり

コーヒー
ゼリー牛乳
P103

蒲焼き重
P42

混ぜるだけ! 和えるだけ!

ささっとつまみ

サラダチキン、チーズ、さきいかなどの
コンビニ食材で作るおつまみ。
ついついあとひく、ごきげんな一品ばかりをご用意!

スモーキー

スパイシーチーズチキン ▶P70

すぐでき！

サラダチキンのおつまみ
冷菜4品 混ぜるだけ

サラダチキンユッケ ▶P70

まぜまぜ

ピリカラー

中華冷菜
チキン

▶P71

サラダチキンをさいたり、切ったり。
食感の違いが楽しいおつまみレシピ。
作り方はカンタン。ぜんぶ混ぜるだけ。

レモンマリネチキン ▶P71

さわやか〜

2分 **混ぜるだけ!**

スパイシーチーズチキン

🧺 **材料**(1人分)

サラダチキンスモーク … 1袋(110g)(手でさく)

さけるチーズ … 1パック(25g)(手でさく)

A | タバスコ … 小さじ1/4

🗨️ほかの食材なら お子様、辛いものが苦手な人向きにはケチャップ

| レモン汁 … 小さじ1　オリーブオイル … 小さじ1/2

飾り レタスミックス … 適量

🥢 作りかた 🥢

サラダチキンスモークとさける
チーズは、Aと混ぜ合わせる。
レタスミックスを添える。

POINT!
🍽️ サラダチキンやチーズを
さくプロセスは、お子様のお
手伝いにぴったり。

2分 **混ぜるだけ!**

サラダチキンユッケ

🧺 **材料**(1人分)

サラダチキンプレーン … 1袋(110g)(大きめにさく)

A | ごま油 … 大さじ1　チューブにんにく … 小さじ1/2

| 焼肉のたれ … 大さじ1/2

卵黄 … 1個

飾り 白ごま、きざみねぎ、糸唐辛子(あれば) … 各適量

🥢 作りかた 🥢

サラダチキン、Aを混ぜ合わ
せる。卵黄をのせ、飾りのご
ま、きざみねぎ、あれば糸唐
辛子を飾る。

POINT!
🍽️ おうち焼肉の前菜にもぴったり! 飾
りをのせてより本格的に仕上げて。
🍽️ BBQにもおすすめ。サラダチキン
をさいて持っていきましょう。

中華冷菜チキン

2分 **混ぜるだけ！**

🧺 材料(1人分)

サラダチキンプレーン … 1袋(110g)(手でさく)

ピリ辛きゅうりの浅漬け … 1パック(95g)

ごま油 … 大さじ1　ラー油 … 適量

飾り きざみねぎ(あれば) … 適量

✎ 作りかた ✎

飾り以外のすべての材料を混ぜ合わせる。あればきざみねぎを飾る。

POINT!
きゅうりの浅漬けはピリ辛がおすすめ。なければ、少しにんにくを入れると中華風に。

レモンマリネチキン

3分 **混ぜるだけ！**

🧺 材料(1人分)

ハーブサラダチキン … 1袋(110g)(一口大に切る)

一口チーズ … 3個(45g)(半分に切る)

> 🍴ほかの食材なら モッツァレラチーズに変えるとあっさり味に

ミニトマト … 3個(半分に切る)

> 🍴ほかの食材なら 彩りがよい生野菜ならなんでもOK

オリーブオイル、レモン汁 … 各大さじ1

飾り｜パセリ … 適量(小房に分ける)

> 🍴ほかの食材なら
> 彩りがよい生野菜ならなんでもOK

✎ 作りかた ✎

すべての材料を混ぜ合わせ、パセリを飾る。

POINT!
パーティの前菜にもおすすめ。

まだまだある!
サラダチキンの

3分 チンするだけ!

焼いてなくても鉄板に盛り付けると本格的

サラダチキンのやわらかいステーキ

ほうれん草やミニトマトを添えても

やわらか〜

ガーリックチキンステーキ

🧺 材料(1人分)

サラダチキンプレーン … 1袋(110g)

A チューブにんにく … 小さじ1/2
　しょうゆ 小さじ … 1/2
　酒 … 小さじ1/2
　みりん … 小さじ1/2
　バター … 10g

　🌀 ほかの食材なら
　ごま油にすると違った味わいに

飾り｜冷凍ほうれん草 … 適量
　　　ミニトマト … 適量

🍴 作りかた

1 サラダチキン、冷凍ほうれん草はレンジ(600W)で各1分温かくなるまで加熱する。

2 1のサラダチキンをスライスし、**A**をレンジ(600W)で20秒加熱し、かける。

3 1のほうれん草、ミニトマトを添える。

POINT!
飾りの野菜は、サラダミックスやレタスでもOK。

おつまみ 温菜2品

5分　炒めるだけ!

🧺 材料(1人分)

ごま油 … 大さじ1/2　キャベツ炒めミックス … 1/2袋(100g)

キムチ … 50g　サラダチキンプレーン … 1袋(110g)(一口大に切る)

ケチャップ … 大さじ1

焼肉のたれ … 大さじ1

とろけるチーズ … 2枚

作りかた

1. フライパンにごま油を温め、キャベツ炒めミックス、キムチをさっと炒める。
2. サラダチキン、ケチャップ、焼肉のたれを加えて炒めあわせる。
3. チーズをのせてふたをし、チーズが溶けるまで加熱する。

チーズダッカルビ風

サラダチキンで
炒め時間を
ショートカット

炒めものは
香りもごちそう!

がっつり

コチジャンがなくても
ケチャップ＋
焼肉のタレでOK

POINT!

レンジで作る場合は、チーズ以外の材料にふんわりラップし、レンジ(600w)で3分ほど加熱。野菜がしんなりしたらチーズをのせて、再びとろけるまで加熱します。

ちくわポテト

副菜としても
重宝する一品

3分 混ぜる
だけ!

材料（1人分）

ちくわ … 1袋（5本130g）
（1cm幅の輪切りにする）

ポテトサラダ … 1袋（100g）

ラー油 … 小さじ1/4

ほかの食材なら

辛いのが苦手な方はごま油に

作りかた

材料をすべて混ぜ合わせる。

POINT!

ちくわをハサミで切
れば、包丁やまな板も
いらないレシピです。

ピリウマ

ちくわは
モリモリ入れるべし

ラー油が味の決め手

ラー油や
かつおぶしを
プラスしてもOK

メンマとごま油で
中華風に

1分

盛り付け
だけ!

ピリカラ

ねぎメンマやっこ

材料(1人分)

A きざみねぎ … 大さじ4
メンマ … 1袋(70g)(細切りにする)
ごま油 … 大さじ1
輪切り唐辛子 … 適量(あれば)
豆腐 … 1丁(300g)(一口大に切る)
しょうゆ … 適量(お好みで)

作りかた

Aを混ぜ合わせて、豆腐にかける。お好みでしょうゆをたらす。

POINT

豆腐から水が出るので、作ったらすぐ食べましょう。

1分 混ぜる だけ!

松前漬風 和えもの

のどごしがいい 和えもの

つる～り

おつまみいかを 使えばラクラク!

🧺 **材料**（1人分）

つまみいかそうめん … 1袋（18g）（3等分に切る）
めかぶ … 1パック（45g）
飾り 輪切り唐辛子 … 適量（あれば）

🥄 **作りかた**

つまみいかそうめんはめかぶと混ぜ合わせる。
あれば輪切り唐辛子を飾る。

POINT!

🍚 いくらを飾ると、まるで料亭の
前菜のように豪華に。
🍚 混ぜ合わせて2～3時間おく
と、さらにいかがしっとりします。

さきいかナムル

3分

混ぜるだけ！

いりごま、ごま油もたっぷりと入れて

味ウマ

さきいかが味付けのポイントに！

材料（1人分）

冷凍ほうれん草 … 1/2袋（75g）

ほかの食材なら　冷凍ブロッコリー

さきいか … 1/2袋（27g）（手でさく）

A　ごま油 … 大さじ1
　　いりごま … 大さじ1/2
　　チューブにんにく … 小さじ1/4
　　塩 … 少々

飾り　糸唐辛子 … 適量（あれば）

作りかた

冷凍ほうれん草は解凍しておく。さきいか、Aと和え、あれば糸唐辛子を飾る。

POINT！

● お好みでにんにくの量は減らしてもOK。

● さきいかはさいて、ほうれん草とからみやすくします。

コンビニ裏切り飯

MERIT
3

飾り野菜などを添えると
ちょっといい感じ

ポテサラバーグ
プレート
P12

シュクメルリ
プレート
P20

コンビニ食材なら

ごぼうび、
ほめられメニューも
おまかせ

ふだんと違う食材を使って
新鮮さアピール

餃子ラザニア
P54

サラダチキンユッケ
P68

さきいかねぎバター
P80

チキンの
オランデーズソース風
P50

エッグベネデイクト風
P30

メインディッシュは

ソースをかけてはなやかに

今日はちょっとゴージャスにしたい気分の日や
お客様が急に見えたときにもコンビニ食材はお役立ち!
食材の組み合わせや盛り付けのアイデアで
見映えのいいおもてなしメニューになります。

おしゃれなスイーツで
釘付けに

カフェラテプリン
P102

レアーチーズケーキ風
P100

スモア
P106

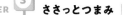

3分 混ぜるだけ！

さきいかねぎバター

🧺 **材料**（1人分）

さきいか … 1袋（27g）　　バター … 10g
きざみねぎ（青いところ）… 大さじ2
飾り ミニトマト … 適量

〚 **作りかた** 〛

ポリ袋に飾り以外の材料を入れて、よく混ぜ合わせる。食べやすい大きさに切り、小さく切ったミニトマトを飾る。

POINT!

● バターを混ぜるときは、手の平で包んで体温で温めると混ぜやすくなります。
● 丸い形のまま冷やしておくと、レーズンバターのようで見た目もきれい。

バターが口の中でとろけます〜

濃厚

きざみねぎは青いところを使って

とろけたチーズがたまらない

ほっくり

たまにはあったかいポテトサラダはいかが

ポテサラチーズ焼き

🧺 **材料**（1人分）

ポテトサラダ … 1袋（100g）
カマンベールチーズ
… 個包装2個（33g）

ほかの食材なら
お子さま向けにはピザ用チーズ

作りかた

耐熱容器にポテトサラダを入れ、カマンベールチーズを手でちぎってのせる。トースター（1000w）でチーズが溶けるまで、5分加熱する。

POINT
チーズはカマンベールを使うとちょっと大人の味に！
こげそうになったらホイルをかぶせます。

3分　混ぜるだけ!

野菜ミックスなら
彩りがきれい

スモークタンの
ゴージャスメニュー

コールスロースモークタン

🧺 **材料**（1人分）

スモークタン … 1袋（72g）（細切りにする）

🍴 **ほかの食材なら** ハム、ツナ缶

せん切りキャベツミックス … 1袋（130g）

マヨネーズ … 大さじ2

砂糖 … 小さじ1/2

レモン汁 … 小さじ1/2

作りかた

スモークタンとすべての
材料を混ぜ合わせる。

POINT!
パーティ料理
にもおすすめ。

CHAPTER 4

スープジャーでほったらかし

ホッと弁当

コンビニのおそうざい、
カット野菜をスープジャーでホカホカに！
おうちランチにもうれしい、温かいお弁当レシピをどうぞ。

2分

*置き時間は除く

熱湯
注ぐだけ!

ミックス野菜で
ベースはみそ汁

食べる直前に
バターを
入れてもOK

ふんわり

ちゃんちゃん鍋風 スープ

材料（1人分）

鮭塩焼き … 1切れ

ほかの食材なら サラダチキン

バター … 10g

カット野菜炒めミックス … 1/4袋（50g）

インスタントみそ汁 … 1カップ

熱湯 … 200㎖

作りかた

具材はレンジ（600W）で1分加熱し、スープジャーにほかの材料とともに入れる。

*具材を入れてから4時間～置いて食べましょう。

POINT!

● 鮭はくずれ過ぎないように
スープジャーに入れましょう。

2分
*置き時間は除く

熱湯注ぐだけ!

ホタテキャベツスープ

🧺 **材料**(1人分)

ヒモホタテ … 1袋(20g)

カットキャベツ炒め用 … 1/4袋(50g)

鶏がらスープの素 … 小さじ1

🥢 ほかの食材なら　中華スープの素、中華ペースト

ごま油 … 小さじ1　熱湯 … 200㎖

🍳 **作りかた**

カットキャベツはレンジ(600W)で1分加熱し、スープジャーにほかの材料とともに入れる。

*具材を入れてから4時間〜置いて食べましょう。

POINT!
● ホタテは切って入れると食べやすくなります。

風味付けにごま油も入れます

ほっこり〜

おつまみ用のヒモホタテからたっぷりだしが出ます

85

3分
＊置き時間は除く

熱湯
注ぐだけ!

さっぱりとした
和風味

おくら&
とろろ入り

とろとろ

チキンとろろスープ

🧺 材料(1人分)

サラダチキンプレーン … 1袋(110g)(一口大に切る)
味付けとろろ … 100g
冷凍おくら … 1/3袋(50g)

（ほかの食材なら）多めのきざみねぎ

白だし … 小さじ1　熱湯 … 150㎖

🥄 作りかた

サラダチキンと冷凍おくらはレンジ(600W)で
1分30秒加熱し、スープジャーにほかの材料とと
もに入れる。＊具材を入れてから4時間~置いて食べましょう。

POINT!
● うどんを加えた
り、ごはんにかけて
もおいしいです。

2分

＊置き時間は除く

熱湯注ぐだけ!

🧺 **材料**（1人分）

もめん豆腐
… 小1丁（150g）
きんぴら … 1袋（70g）
きざみねぎ … 大さじ2
めんつゆ … 大さじ3
ごま油 … 大さじ1/2
熱湯 … 200ml

✎ **作りかた** ✎

スープジャーに豆腐をくずしながら入れ、ほかの材料も加える。

＊具材を入れてから4時間〜置いて食べましょう。

POINT!

● 豆腐はもめんがおすすめです。あつあつの汁を楽しみたい方は、きんぴら、豆腐をレンジ（600W）で1分温めてください。

きんぴらを
リメイクした
けんちん汁!

汁はめんつゆ＋
熱湯で完成

ほっこり

けんちん汁

きざみねぎは
食べる直前に
パラリ

5分
*置き時間は除く

熱湯
注ぐだけ！

材料（1人分）

かにカマ … **3本**（30g）（手でさく）

カットキャベツ炒め用 … **1/4袋**（50g）

ほかの食材なら もやし、千切りキャベツ

だし巻き卵 … **1パック**（100g）（1口大に切る）

白だし … **大さじ1/2**　熱湯 … **200㎖**

作りかた

具材はレンジ（600W）で1分加熱し、
スープジャーにほかの材料とともに入れる。
＊具材を入れてから4時間～置いて食べましょう。

POINT!
かにカマからもおいしい
だしが出ます。

かに
たま
スープ

野菜もたっぷり

卵は大きめに
切るとおいしそう

だしウマ

2分

熱湯
注ぐだけ!

ポタージュスープを
いろいろ
変えて楽しんで!

おにぎりの中身も
アレンジ次第で
無限大

クリーミークリーム茶漬け

🧺 **材料**(1人分)

ポタージュスープ … 1個

ほかの食材なら

コーンポタージュ、カボチャスープ、
ポテトスープ

おにぎり(ツナ、めんたいこなど)… 1個

熱湯 … スープの表示量

📖 **作りかた**

スープジャーにポタージュスープの
規定量の熱湯を入れる。食べる直
前におにぎりを加えてほぐす。

POINT!
● 置き時間なく食べられます。

紅しょうがサラダ
P54

ブロッコリースープ
P50

野菜サラダやカット野菜を

上手にアレンジ

コンビニ食材なら

ちょっと ヘルシー系の メニューも作れちゃう

腹持ちがよくて、温まる、

スープ系メニューで

かにたまスープ
P88

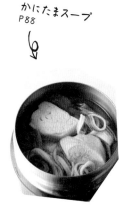

チキンとろろスープ
P86

芋煮風みそ汁
P42

サラダチキン、魚介類で
低カロリー、高タンパクに

ちゃんちゃん鍋風
スープ
P84

そうめん冷麺
P39

ホタテキャベツスープ
P85

コンビニ食材の中には、カロリーが低いもの
脂肪分の少ないものもあり!
ダイエット中で制限されている方でも安心。
ヘルシー系の食材で作るメニューに注目を。

ヨーグルトやゼリーで
ヘルシーに

ヨーグルトムース
P101

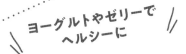

キャベツ
おかかサラダ
P62

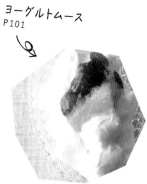

ソーダーゼリー
P104

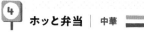

麻婆豆腐で
お腹いっぱい

3分

* 置き時間は除く

熱湯
注ぐだけ!

ボリューミー

スープジャーなら
パスタはゆでなく
ても大丈夫

麻婆豆腐めん

材料(1人分)

麻婆豆腐 … 1パック(220g)

熱湯 … 100㎖

鶏がらスープ素 … 小さじ1/2

熱湯 … 150㎖

パスタ … 20g(折る)

作りかた

麻婆豆腐は表示通りに温める。スープジャーにすべての材料を入れる。

* 具材を入れてから4時間~置いて食べましょう。

POINT!

●パスタは食べやすく折って
入れましょう。

1分
＊置き時間は除く

熱湯
注ぐだけ!

🧺 **材料**（1人分）

あつあつのごはん … 茶碗1/2（90g）

卵 … 1個 ほかの食材なら さいたサラダチキン

ザーサイ … 1/2袋

きざみねぎ（青いところ）… 大さじ4

鶏がらスープの素 … 小さじ1/2　熱湯 … 300㎖

 作りかた

スープジャーにごはん、卵を入れ
てよく混ぜ、熱湯を注ぐ。残りの
材料を加える。

＊具材を入れてから4時間~置いて食べましょう。

POINT!

🔴 あつあつのごはん
を使いましょう。

中華粥

味付けはザーサイの
塩味で十分!

うまうま

ごま油、ラー油を
たらしても○

純豆腐

5分
＊置き時間は除く

熱湯注ぐだけ!

材料（1人分）

キムチ … 50g
豆腐 … 小1丁（150g、一口大に切る）
もやし炒めミックス … 1/4袋（50g）
ほかの食材なら キャベツ炒めミックス
インスタントあさりみそ汁
熱湯 … 200ml　温泉卵

作りかた

具材はレンジ（600W）で1分加熱し、スープジャーに入れる。食べる前に温泉卵をのせる。
＊具材を入れてから4時間〜置いて食べましょう。

POINT!
きのこを少し入れると、さらに味が出ておいしくなります。

チョイカラ

あさりのみそ汁はインスタントでラクチン

とろり〜温泉卵は最後に投入!

スンドウブにキムチはマスト

3分
*置き時間は除く

熱湯注ぐだけ!

きざみねぎは
たっぷりと

こってり

牛乳と熱湯の量は
半々の割合で

肉系のおかずを
アレンジしたレシピ

ソルロンタン

🧺 **材料**（1人分）

肉じゃが … 1袋（210g）
　┗ ほかの食材なら　肉豆腐

きざみねぎ … 大さじ2

ごま油 … 小さじ1

鶏がらスープの素 … 小さじ1

牛乳 … 100㎖　┗ ほかの食材なら　豆乳

熱湯 … 100㎖

🍴 **作りかた**

肉じゃがは表示通りに温め、牛乳
も温める。スープジャーにほかの
材料とともにを入れる。
＊具材を入れてから4時間〜置いて食べましょう。

POINT!
● 肉じゃがなので置き時
間なく食べられます。

95

トマトソースに熱湯を入れてスープが完成

3分
＊置き時間は除く

熱湯注ぐだけ！

ヘルシー

サラダチキンだからカンタン

トマトチキンスープ

材料（1人分）

サラダチキンプレーン … 1袋（110g）（一口大に切る）
冷凍ブロッコリー … 1/2袋（70g）

ほかの食材なら　冷凍ほうれん草

レトルトトマトソース … 1袋（130g）
熱湯 … 100㎖　塩、こしょう … 各少々

作りかた

サラダチキン、冷凍ブロッコリー、レトルトトマトソースはレンジ（600W）で1分半加熱し、スープジャーに入れる。
＊具材を入れてから4時間〜置いて食べましょう。

POINT!
●ペンネやパスタを加えてもOK。その場合はあつあつのスープに加えてください。

CHAPTER 5

アイデアいっぱい！

手間なし
スイーツ

はかりはほとんどいりません。
ヨーグルト、アイス、ジュースなどで作る
超カンタン、なのにおいしくて
見映えのいいスイーツレシピです。

1分 混ぜるだけ!

市販のバニラアイスをアレンジ

なんと、ごま油も入れます

ごまクリームアイス

🧺 **材料**（1〜2人分）

バニラアイスクリーム … 200㎖
ごま … 大さじ1
ごま油 … 大さじ1

✎ **作りかた** ✎

すべての材料を混ぜ合わせる。

POINT!
アイスは少し室温に戻しておくと混ぜやすくなります。
ごまは白、黒どちらでもOK。

チーズケーキ フローズン

5分

＊置き時間は除く

混ぜる

↓

冷凍する

さっぱり味、あとひくおいしさです

チーズのコクと香り

ひんやり〜

グラスに入れて、太めのストローで飲んでもOK

🧺 材料 (1〜2人分)

プレーンヨーグルト (加糖) … 150g

粉チーズ … 大さじ1

クリームチーズ … 個別包装3個 (54g)

飾り｜ビスケット … 適量 (お好みで)

｜いちご … 適量 (お好みで)

｜ミント (お好みで)

作りかた

1 冷凍用保存袋に、飾り以外の材料を入れてよく混ぜ合わせる。平らにして空気を抜き、冷凍庫で凍らせる。

2 8割ほど凍ったら、袋の上から手でもみ、混ぜる。お好みでビスケット、いちご、ミントを添える。

POINT!

凍らせたフローズン種は手でよくもむと、なめらかな口当たりになります。

3分
＊置き時間は除く

混ぜる
だけ！

レアチーズケーキ風

チーズが入って
いないのに
チーズケーキの味?

ビスケットの
食感もいい！

さらに
メープルシロップや
はちみつを添えても◎

材料（1〜2人分）

プレーンヨーグルト … 300g
ドライフルーツ … 30g
A ｜ ビスケット … 40g（粗くくだく）
　　｜ 溶かしバター … 20g
飾り チャービル … 適量（お好みで）

作りかた

1 ザルにクッキングペーパーを敷き、プ
　レーンヨーグルト、ドライフルーツ、プ
　レーンヨーグルトの順に入れて、一晩
　置いておく。

2 器の底に**A**を混ぜ合わせて敷き、**1**を
　入れる。お好みでチャービルを飾る。

POINT !
ドライフルーツはヨーグルトにつかるように置いておくこと。
ドライフルーツはベリー系、マンゴー系と種類によって味が変わるのでお好みで。

ミントを飾って
デザート感を演出

ジャムを
変えて
楽しんで

マシュマロで
ヨーグルトが
ムースに変身！

ヨーグルトムース

材料（1人分）

プレーンヨーグルト … 150g

マシュマロ … 50g

お好みのジャム … 適量

飾りミント … 適量（あれば）

作りかた

1　ヨーグルトとマシュマロをよく
　混ぜ合わせ、一晩置いておく。

2　お好みのジャムをのせ、あれば
　ミントを飾る。

POINT!
　マシュマロはヨーグルトにつかる
ように置いておくこと。

カフェラテプリン

3分

＊置き時間は除く

チンする

↓

冷蔵する

🧺 **材料** (1〜2人分)

マシュマロ … 100g
カフェラテ … 240㎖

〰 ほかの食材なら　**カフェラテの種類を変える**

🥄 **作りかた** 🥄

1 耐熱容器にマシュマロ、カフェラテの半量を入れ、レンジ(600w)で2分加熱する。

2 カフェラテの残りも入れてよく混ぜてグラスに入れる。冷蔵庫に2時間ほど置いて、冷やし固める。

POINT!
透明な容器に入れると層が見えてかわいい!

あわあわ

マシュマロを使ってやわらかプリンに!

市販のカフェラテ、甘さはお好みのもので

ボトルから
絞り出せば
クラッシュゼリーに!

2分

＊置き時間は除く

チンする
↓
冷蔵
する

プルプル

牛乳を
注いで完成

コーヒーゼリー

牛乳

🧺 **材料**（作りやすい分量）

ボトルコーヒー … 1ℓ
ゼラチン … 16g
牛乳 … 適量

✎ **作りかた** ✎

1. 耐熱容器にゼラチンを入れ、コーヒー大さじ6を入れてふやかし、レンジ（600w）で30秒加熱して溶かす。

2. 1をペットボトルに戻し、キャップをしてふり混ぜる。固まるまで冷蔵庫で2時間ほど冷やす。ボトルから絞り出すようにグラスに入れ、牛乳を注ぐ。

POINT!

固まりにくくなるので、レンジ加熱するときは沸騰させないように注意。
ボトルコーヒーは甘さ控えめなら無糖。甘い方がお好みなら加糖を。

3分
＊置き時間は除く

チンする
↓
冷蔵する

グミを溶かして
冷やせばゼリーに

ぶどう味

プリン

ソーダゼリー

レモン味

懐かしい～
ソーダ味

🧺 材料（1人分）

お好みの炭酸水 … 150mℓ
お好みのグミ … 150g

✎ 作りかた ✎

炭酸水50mℓとグミをレンジ（600w）で
2分加熱する。よく混ぜ、炭酸水100mℓ
加えてさらに混ぜる。グラスに入れ、冷
蔵庫で2時間ほど冷やし固める。

POINT!
甘さ控えめなら無糖炭酸水。
甘い方がお好みなら加糖炭酸水。
または、無糖炭酸水に少しだけ砂
糖を加えてもOK。

ペットボトルごとゼリー

🧺 **材料**（作りやすい分量）

お好みのジュース … 500㎖
ゼラチン … 8g

🍽 作りかた

1. 耐熱容器にゼラチンを入れ、ジュース大さじ3を入れてふやかし、レンジ（600w）で20秒加熱して溶かす。

2. 1をペットボトルに戻し、キャップをしてふり混ぜる。固まるまで冷蔵庫で2時間ほど冷やす。ボトルから絞り出すようにグラスに入れる。

2分
＊置き時間は除く

チンする

↓

冷蔵する

POINT!
レンジで加熱するときは固まりにくくなるので、沸騰させないように注意。
炭酸は泡が立つので、少しずつボトルに戻し入れます

カルピスソーダ味

オレンジ味

2層、3層にして楽しんで

メロン味

固まったらボトルから絞り出すだけ

アセロラ味

ペットボトルでゼリー作り

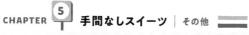

2分

チンする

スモア

一口サイズが
かわいい
お菓子!

パクリ

ビスケットとチョコを
マシュマロが
くっつけます

材料(6個分)

マシュマロ … 6個
ビスケット … 12枚
チョコレート … 6片

ほかの食材なら

甘さ控えめがお好みの方は
クラッカーに

作りかた

1 ビスケットにチョコレート、マシュマロをのせ、
  レンジ（600W）で1分加熱する。
2 上からビスケットをかぶせる。

POINT!

レンジで加熱するときは、マシュマロが
やわらかくなり過ぎないように注意!

材料は
チョコ入りのパンと
卵と牛乳だけ!

3分

*焼き時間(10分)
は除く

トースターで
焼くだけ!

カンタン
プディング!

あったか チョコパン
プディング

🧺 **材料**（1〜2人分）

スティックパン … 3本

A | 卵 … 1個
　| 牛乳 … 大さじ3
　| 🥛ほかの食材なら 豆乳
　| 砂糖 … 大さじ1
　| ＊ココアを混ぜてもよい

🥄 作りかた 🥄

1 耐熱容器にスティックパンを
　ちぎって入れ、Aの卵液を流
　し入れる。

2 トースターで10分ほど卵液が
　固まるまで焼く。こげそうに
　なったらホイルをかぶせる。

POINT!

　こげやすいので様子
をみながら焼きます。

冷めても
おいしい

5分

フライパンで焼く

アイスフレンチトースト

バニラアイスの香りがそそる〜

あま〜い

さらにアイスをのせてめしあがれ

溶かしたアイスをフレンチトースト液に

🧺 **材料**（1〜2人分）

バニラアイスクリーム … 200㎖
6枚切り食パン … 2枚

ほかの食材なら
ロールパンはふわっとした仕上がりに
バター … 10g
バニラアイス … 適量（お好みで）

作りかた

1 バニラアイスクリームを溶かし、パンをひたす。

2 フライパンにバターを温め、1のパンを両面こんがりと焼く。半分に切り、お好みでバニラアイスクリームをのせる。

POINT!
軽くレンジでチンすると、アイスが早く溶けます。

油で揚げない
からヘルシー

3分

トースターで
焼くだけ!

カンタン

揚げパン

さく。

きな粉を
まぶして

トースターで
焼く
揚げパンです

🧺 材料(3本分)

スティックパン … 3本

油 … 大さじ1

砂糖 … 適量

きな粉 … 適量

↪ ほかの食材なら

ココア、抹茶

🥢 作りかた 🥢

スティックパンに油をぬり、トースターで2分ほど
焼き色が付くまで焼く。砂糖、きな粉をかける。

POINT!

油を塗るときは、小さめのスプーンで、
パンにたらすとカンタン。
こげやすいので様子を見ながら焼きます。

一目でわかる！

メニューのすべて

	メリット	料理名	メイン食材	調理法	調理時間	ページ数
CHAPTER 1 ワンプレート＆ボウル						
ごはんメニュー	♡	ポテサラバーグプレート	ハンバーグ／ポテトサラダ／とろけるチーズ		5分	12
	♨	から揚げキムチ丼	から揚げ／キムチ		5分	14
	◠	コロッケ卵丼	コロッケ／きざみねぎ／卵		3分	16
	♨	ルーローハン風	豚の角煮／冷凍ほうれん草／メンマ		5分	18
	♡	シュクメルリプレート	塩焼き鳥／冷凍ブロッコリー／カップクリームスープ		3分	20
	♨	ビーフストロガノフ	肉じゃが／クリームチーズ／レトルトハヤシライス		5分	22
	♨	ドライカレー	ハンバーグ／レトルトカレー		5分	24
	♨	から揚げレタスチャーハン	から揚げ／だし巻き卵／サラダミックス		5分	26
パンメニュー	♨	だし巻きサンド	だし巻き卵／せん切りキャベツ		4分	28
	♨	ケバブサンド	塩焼き鳥／せん切りキャベツ		5分	29
	♨	エッグベネディクト風	カルボナーラソース／冷凍ほうれん草／半熟卵		5分	30
めん＆パスタメニュー	◠	コーンクリームパスタ	コーンポタージュ／ハム／冷凍ほうれん草		8分	34
	♨	チーズプデチゲ	韓国インスタントラーメン／もやし炒めミックス／ピザ用チーズ		5分	36
	♨	棒棒鶏そうめん	サラダチキンプレーン／サラダミックス／ごまだれ		5分	38
	♨	そうめん冷麺	きゅうりの漬物／キムチ／チャーシュー		5分	39
	♨	カレーうどん	筑前煮／レトルトカレー		5分	40
CHAPTER 2 ワザあり！献立						
和食コース	◠	蒲焼き重	さんまの蒲焼き缶／味付けのり		2分	42
	♨	芋煮風みそ汁	インスタントみそ汁／里芋味付け／きざみねぎ		1分	43
	♨	カラフル浅漬け	サラダスティック		5分	43
メキシカンコース	♨	トマトチキン	から揚げ／トマトソース／きざみねぎ		5分	46
	♨	メキシカン風サラダ	サラダミックス／タコスチップ		1分	46
	♨	メキシカンライス	ミートソース／サラダミックス		3分	47
フレンチコース	♨	ブロッコリースープ	冷凍ブロッコリー／豆乳味インスタントスープ		2分	50
	♨	フレンチかぼちゃサラダ	かぼちゃの煮付け／カットレタス		1分	50
	♡	チキンのオランデーズソース風	サラダチキン／カルボナーラソース		3分	51
イタリアンコース	♡	餃子ラザニア	餃子／トマトソース／スライスチーズ		5分	54
	♨	紅しょうがサラダ	サラダミックス／紅しょうが		1分	55
	♨	ビーンズスープ	サラダビーンズ／インスタントスープ		1分	55
肉定食コース	♨	めかぶやっこ	豆腐／めかぶ		1分	58
	♨	きんぴらサラダ	きんぴら／せん切りキャベツ		2分	58
	♨	から揚げ卵とじ	から揚げ／冷凍ほうれん草／卵		3分	59
魚定食コース	◠	さばみそマヨ焼き	さばみそ缶		6分	62
	♨	キャベツおかかサラダ	せん切りキャベツ／かつお節		2分	63
	♨	豆腐すまし汁	インスタント松茸味お吸物／豆腐		1分	63

メリット

ほめられメニュー♡
ヘルシーメニュー
栄養満点メニュー
節約メニュー

調理法

トースターで焼く
冷蔵
冷凍
煮る・温める
炒める・焼く
盛り付ける
混ぜる
チンする
お湯を入れる
はさむ

		メリット	料理名	メイン食材	調理法	調理時間	ページ数
CHAPTER 3 ささっとつまみ	サラダチキン	♡	中華冷菜チキン	サラダチキンプレーン／ピリ辛きゅうりの浅漬け／きざみねぎ		2分	68
		♡	サラダチキンユッケ	サラダチキンプレーン／卵		2分	68
		♡	スパイシーチーズチキン	サラダチキンスモーク／さけるチーズ		2分	68
		♡	レモンマリネチキン	ハーブサラダチキン／一口チーズ		3分	68
		🖐	ガーリックチキンステーキ	サラダチキンプレーン／冷凍ほうれん草		3分	72
		🖐	チーズダッカルビ風	サラダチキンプレーン／キャベツ炒めミックス／スライスチーズ		3分	73
	和えもの／サラダ	🖐	ちくわポテト	ポテトサラダ／ちくわ		3分	74
		🖐	ねぎメンマやっこ	豆腐／メンマ／きざみねぎ		1分	75
		♡	松前漬風和えもの	つまみいかそうめん／めかぶ		1分	76
		🖐	さきいかナムル	さきいか／冷凍ほうれん草		3分	77
	その他	♡	さきいかねぎバター	さきいか／きざみねぎ		3分	80
		🖐	ポテサラチーズ焼き	ポテトサラダ／カマンベールチーズ		5分	81
		♡	コールスロースモークタン	スモークタン／せん切りキャベツミックス		3分	82
CHAPTER 4 ホッと弁当	和風	🖐	ちゃんちゃん鍋風スープ	鮭塩焼き／カット野菜炒めミックス／インスタントみそ汁		2分	84
		🖐	ホタテキャベツスープ	ヒモホタテ／カットキャベツ炒め用		2分	85
		🖐	チキンとろろスープ	サラダチキンプレーン／味付けとろろ／冷凍おくら		3分	86
		🖐	けんちん汁	きんぴら／もめん豆腐／きざみねぎ		2分	87
		🖐	かにたまスープ	かにカマ／カットキャベツ炒め用／だし巻き卵		5分	88
		🥣	クリーム茶漬け	ポタージュスープ／おにぎり		2分	89
	中華	🖐	麻婆豆腐めん	麻婆豆腐／パスタ		3分	90
		🖐	中華粥	ザーサイ／きざみねぎ／卵		1分	91
	韓国	🖐	純豆腐	キムチ／豆腐／インスタントあさりみそ汁		5分	92
		🖐	ソルロンタン	肉じゃが／きざみねぎ／牛乳		3分	93
	洋風	🖐	トマトチキンスープ	サラダチキンプレーン／冷凍ブロッコリー／レトルトトマトソース		3分	96
CHAPTER 5 手間なしスイーツ	アイス	♡	クリームごまアイス	バニラアイスクリーム／ごま／ごま油		1分	98
		♡	チーズケーキフローズン	プレーンヨーグルト／粉チーズ／クリームチーズ		5分	99
	ムース＆プリン＆ゼリー	♡	レアチーズケーキ風	プレーンヨーグルト／ドライフルーツ／ビスケット		3分	100
		🖐	ヨーグルトムース	プレーンヨーグルト／マシュマロ／ジャム		1分	101
		♡	カフェラテプリン	カフェラテ／マシュマロ		3分	102
		🥣	コーヒーゼリー牛乳	ボトルコーヒー／牛乳／ゼラチン		2分	103
		🖐	ソーダゼリー	炭酸水／グミ		3分	104
		🥣	ペットボトルごとゼリー	ジュース／ゼラチン		2分	105
	その他	♡	スモア	マシュマロ／ビスケット／チョコレート		2分	106
		🖐	チョコパンプディング	スティックパン／卵／牛乳		3分	107
		♡	アイスフレンチトースト	バニラアイスクリーム／食パン		5分	108
		🖐	カンタン揚げパン	スティックパン／きな粉		3分	109

111

料理 **mako**

アイデア料理研究家。フードクリエイター。栄養士とフードコーディネーターの資格を持つ。3時間で30品つくりおきを完成させる"超速ワザ"が注目され、「沸騰ワード10」や「ヒルナンデス!」(日本テレビ系)等に出演。学生時代はレストラン、お弁当屋、居酒屋のキッチンで働き、社会人になってからは栄養士、フードコーディネーター、料理専門の家政婦など食に関わるさまざまな仕事を経験。料理のアイデアを考えるのが得意で、自身の経験と組み合わせ、誰でもおいしく作れるレシピを提案している。食べることが大好きで、日本各地や世界各国で食べ歩きも欠かさない。著書に『家政婦makoのずぼら冷凍レシピ』(マガジンハウス)など、多数。

公式WEBサイト
http://www.makofoods.com
Instagram
@makofoods
Twitter
@makofoods
YouTube
https://www.youtube.com/c/makofoods

STAFF

編集	鈴木聖世美(hbon) 稲葉 豊(山と溪谷社)
撮影	原ヒデトシ
アートディレクション	近藤圭悟(参画社)
デザイン	谷 和 斉藤はるか 舟田アヤ(参画社)
協力	宮木志穂
撮影協力	NATURAL KITCHEN NATURAL KITCHEN & Kitchen Kitchen http://www.natural-kitchen.jp/ http://www.kitchen-kitchen.jp/ https://nkandselect.shop-pro.jp/

家政婦makoの
コンビニ裏切り飯

2021年5月1日 初版第1刷発行

著者	mako
発行人	川崎深雪
発行所	**株式会社 山と溪谷社** 〒101-0051 東京都千代田区神田神保町1丁目105番地 https://www.yamakei.co.jp/

■乱丁・落丁のお問合せ先
山と溪谷社自動応答サービス
TEL.03-6837-5018
受付時間/10:00-12:00、
13:00-17:30(土日、祝日を除く)

■内容に関するお問合せ先
山と溪谷社 TEL.03-6744-1900(代表)

■書店・取次様からのお問合せ先
山と溪谷社受注センター
TEL.03-6744-1919 FAX.03-6744-1927

印刷・製本	**株式会社暁印刷**

＊定価はカバーに表示してあります
＊落丁・乱丁本は送料小社負担でお取り替えいたします
＊禁無断複写・転載